T0207930

essentials

essentials liefern aktuelles Wissen in konzentrierter Form. Die Essenz dessen, worauf es als „State-of-the-Art" in der gegenwärtigen Fachdiskussion oder in der Praxis ankommt. *essentials* informieren schnell, unkompliziert und verständlich

- als Einführung in ein aktuelles Thema aus Ihrem Fachgebiet
- als Einstieg in ein für Sie noch unbekanntes Themenfeld
- als Einblick, um zum Thema mitreden zu können

Die Bücher in elektronischer und gedruckter Form bringen das Fachwissen von Springerautor*innen kompakt zur Darstellung. Sie sind besonders für die Nutzung als eBook auf Tablet-PCs, eBook-Readern und Smartphones geeignet. *essentials* sind Wissensbausteine aus den Wirtschafts-, Sozial- und Geisteswissenschaften, aus Technik und Naturwissenschaften sowie aus Medizin, Psychologie und Gesundheitsberufen. Von renommierten Autor*innen aller Springer-Verlagsmarken.

Weitere Bände in der Reihe https://link.springer.com/bookseries/13088

Wolfgang Hellmann

Qualitätsmanagement ist Aufgabe der medizinischen Fachabteilung

Ein Konzept zur Zukunftssicherung des Krankenhauses

Wolfgang Hellmann
Hemmingen, Niedersachsen
Deutschland

ISSN 2197-6708 ISSN 2197-6716 (electronic)
essentials
ISBN 978-3-658-36600-1 ISBN 978-3-658-36601-8 (eBook)
https://doi.org/10.1007/978-3-658-36601-8

Die Deutsche Nationalbibliothek verzeichnet diese Publikation in der Deutschen Nationalbibliografie; detaillierte bibliografische Daten sind im Internet über http://dnb.d-nb.de abrufbar.

Planung/Lektorat: Margit Schlomski
Springer Gabler ist ein Imprint der eingetragenen Gesellschaft Springer Fachmedien Wiesbaden GmbH und ist ein Teil von Springer Nature.
Die Anschrift der Gesellschaft ist: Abraham-Lincoln-Str. 46, 65189 Wiesbaden, Germany

Was Sie in diesem *essential* finden können

- Stand des Qualitätsmanagements in deutschen Krankenhäusern
- Veränderte Rahmenbedingungen und Schlussfolgerungen für einen Paradigmenwechsel im Qualitätsmanagement
- Würdigung der besonderen Rolle von Compliance als Klammer für Rechtsicherheit der Umsetzung von Patientenrechten
- Nutzung von Business Continuity Management (BCM) für die Bewältigung unerwarteter Krisen zur Bestandsicherung
- Bereitstellung von Checklisten als Grundlage für die Umsetzung von Qualitätsmanagement in der Fachabteilung.

Vorwort

Hausinterne Qualitätsmanagementsysteme (QMS) für Krankenhäuser sind gesetzlich vorgeschrieben. Bedingt durch veränderte Rahmenbedingungen wie Fachkräfte- und Finanzmangel geraten vor allem finanz- und personalintensive kommerzielle Konstellationen zunehmend in die Kritik. Entsprechende Systeme werden; vor allem von Ärzten, bereits länger infrage gestellt.

Hinzu kommt eine abnehmende Motivation der Mitarbeiter für das Qualitätsmanagement (QM). Vorrangiges Argument: „Wir investieren umfangreich finanziell und personell, das QM wird aber bei uns nicht gelebt." Die kontinuierliche notwendige Optimierung der Patientenversorgung wird damit infrage gestellt.

Wenn die erwähnten Argumente auch in Krisenzeiten (wie unter Corona) mit permanent steigender Arbeitsdichte und ausgedünnten Personaldecken verständlicher erscheint als in „normalen" Zeiten, muss eine Wahrheit zur Kenntnis genommen werden: „In der Fachabteilung spielt die Musik, hier werden die Patienten behandelt". Demzufolge ist sie zentral für die Sicherung hoher Behandlungsqualität und eines guten Ergebnisses Patientensicherheit (PS) verantwortlich. Insofern dürfte es sich von selbst verstehen, dass vor allem für den Fall eines nicht funktionierenden QMS, die Fachabteilung in besonderer Weise aktiv werden muss.

Das Buch[1] zeigt im Kontext veränderter Rahmenbedingungen auf, wie der Notwendigkeit von QM in der Fachabteilung durch die Nutzung von Checklisten, auch im Hinblick auf die besonderen Erfordernisse des ärztlichen Nachwuchses, Rechnung getragen und Patientensicherheit (PS) gewährleistet werden kann. Auf

---

[1] Zugunsten einer lesefreundlichen Darstellung wird in der Regel die neutrale bzw. männliche Form verwendet. Diese gilt für alle Geschlechtsformen (weiblich, männlich divers).

die Bereitstellung von Grundlagen des Qualitäts- und Risikomanagements wird weitgehend verzichtet, es wird auf frühere Werke des Autors (Hellmann 2017, 2021) verwiesen.

Ausführlicher eingegangen wird hingegen auf Angaben zu den für die Fachabteilung wichtigen Werkzeugen wie Compliance und Business Continuity Management (BCM), mit denen Abteilungsärzte meist nicht vertraut sind, die jedoch für die Sicherstellung von PS unverzichtbar sind.

Insgesamt werden vielfältige Anregungen für Fachabteilungen zur Schärfung des Blicks auf Qualität und PS zur Verfügung gestellt, praktische Tipps zur Umsetzung stehen im Mittelpunkt.

Gedankt sei dem Verlag für die zügige Umsetzung des Buches und meiner Frau (Ilse Hellmann) für vielfältige Anregungen.

Hannover   Prof. Dr. habil. Wolfgang Hellmann
im Februar 2022

Literatur

Hellmann W (2017) Die Fachabteilung Protagonist für die Umsetzung einer neuen Sicht auf Kundeorientierung und Qualitätsmanagement Kooperative Kundenorientierung im Krankenhaus (Kap. 5). In: Hellmann W (Hrsg) Kooperative Kundenorientierung im Krankenhaus. Ein wegweisendes Konzept zur Sicherung von mehr Qualität. Kohlhammer, S 91–119

Hellmann W (2021) Qualität im Krankenhaus- Ausgewählte Strategien im Überblick. In: Hellmann W, Schäfer J, Ohm G, Rippmann K, Rohrschneider U (Hrsg) SOS Krankenhaus. Strategien zur Zukunftssicherung, S 136–138

Inhaltsverzeichnis

Über den Autor

Prof. Dr. habil. Wolfgang Hellmann Stationen und Aktivitäten: Promotion, Habilitation, beamteter Professor an der Hochschule Hannover; Initiator des Studienmodells Hannover für Berufe im Gesundheitswesen, Wissenschaftlicher Planer und Leiter des Studienprogramms MHM® – Medical Hospital Management für leitende Krankenhausärzte, Verantwortlicher im Kompetenzzentrum KoKiK® – Kooperative Kundenorientierung im Krankenhaus; Herausgeber zahlreicher Buchpublikationen zum Management von Krankenhäusern und kooperativen Versorgungsstrukturen.

Besondere Anliegen: Leistung eines Beitrags zur Befähigung der jungen Ärztegeneration für eine patientenzentrierte Gesundheitsversorgung im Kontext eines modifizierten ärztlichen Rollenverständnisses ohne Paternalismus und schwerpunktmäßige Fokussierung auf ökonomische Ziele; Optimierung der Patientenversorgung in unterversorgten Regionen; Verankerung von Patientensicherheit im Zusammenspiel mit Patienten, Versorgern, Gesundheitspolitik, Ärzteschaft und Krankenkassen.

Einleitung

Die Sicherung von Qualität und Patientensicherheit (PS) ist originäre Aufgabe der Fachabteilung. Vom Grundsatz her schließt dies die Übernahme organisatorisch orientierten Handelns zum Qualitätsmanagement (QM) mit ein.

Durch die Verpflichtung der Krankenhäuser zur Vorhaltung von hausinternen Qualitätsmanagementsystemen (QMS) konnten die Fachabteilungen bisher organisatorisch umfassend entlastet werden und ihre Tätigkeit weitgehend auf ihre originäre Aufgabe der Patientenversorgung fokussieren.

Insbesondere in größeren Krankenhäusern und Universitätskliniken ist häufig ein Zentrales Qualitätsmanagement (ZQM) verankert, das die zentralen organisatorischen und funktionsbezogenen Aufgaben (auch des Risikomanagements) übernimmt und die Fachabteilungen in konkreten Fragen der Umsetzung von Qualität berät, z. B. über dezentrale Qualitätsmanagementbeauftragte oder aber auch (neuerdings) sogenannte Patientensicherheitsbeauftragte (Hellmann 2021a).

Übersicht

Durch veränderte Rahmenbedingungen (wie Personal- und Finanzmangel) beginnt sich die Situation, vor allem für weniger finanzstarke Krankenhäuser, zu verschlechtern. Immer weniger Personal, zunehmende Arbeitsdichte und weitere Herausforderungen wie Corona bringen die Aufrechterhaltung von komplexen QMS zunehmend ins Wanken.

Hinzu kommt eine nicht immer positive Einstellung von Ärzten zu den Aktivitäten der Beauftragten für Qualitäts- und Risikomanagement. Schon vor Engpässen, wie dargelegt, wurde das ZQM nicht immer ausreichend unterstützt, z. B. durch

© Der/die Autor(en), exklusiv lizenziert durch Springer Fachmedien Wiesbaden GmbH, ein Teil von Springer Nature 2022
W. Hellmann, *Qualitätsmanagement ist Aufgabe der medizinischen Fachabteilung,* essentials, https://doi.org/10.1007/978-3-658-36601-8_1

fehlende Aktivitäten der Fachabteilungen zur Nutzung von Patientenbefragungen mit dem Fokus auf einen Kontinuierlichen Verbesserungsprozess (KVP).

Aus diesen Fakten ergibt sich die Notwendigkeit eines nachhaltigen Engagements der Fachabteilungen für Qualität und PS. Der Beitrag würdigt dieses Erfordernis und stellt ein einfach umsetzbares Konzept vor, das die immer enger werdende Personaldecke in Krankenhäusern berücksichtigt, aber dennoch die Fachabteilungen in die Lage versetzen kann, kontinuierliche Qualitätsdefizite zu identifizieren und Wege nach Optimierungen zu suchen. Dies geschieht auf der Grundlage einfacher Checklisten, die mögliche zentrale Defizite im QM und RM artikulieren und umfassende Praxistipps zur Gegensteuerung aufzeigen, aber auch durch Hervorhebung für die Bestandsicherung der Fachabteilung so notwendiger Instrumente wie „Compliance" und „BCM- Business Continuity Management".

Besonders eingegangen wird auf die Notwendigkeit, den Blick der jungen Generation für das Anliegen PS zu schärfen und dafür bereits im Praktischen Jahr (PJ) und in der Ärztlichen Weiterbildung geeignete Maßnahmen zu treffen. Hier kann eine bereits veröffentlichte Publikation (Hellmann 2021b), helfen.

Die Vielfalt von Vorschlägen zur Herstellung angemessener Arbeitsbedingungen für die genannten Phasen erhöht nicht nur deren Attraktivität für den ärztlichen Nachwuchs, sondern schafft auch die erforderliche Grundlage für eine Sicherung einer ausreichenden Zahl von Fachärzten und damit ein nachhaltiges Fundament für PS. Die Vorschläge sind über die Chirurgie hinaus auf andere Fachbereiche der Medizin übertragbar.

Insgesamt werden vielfältige Anregungen für Fachabteilungen zur Umsetzung von Qualität mit einfachen Mitteln zur Schärfung des Blicks auf Qualität und Patientensicherheit zur Verfügung.

Literatur

Hellmann W (2021a) Patientensicherheit als Gemeinschaftsaufgabe. Defizite, Risiken, Konzepte. Springer/Gabler, Wiesbaden, im Druck.
Hellmann W (2021b) Chirurgie hat Zukunft. Innovative Aus- und Weiterbildung. Springer Gabler, Wiesbaden.

Terminologischer Konsens – Grundlage für Qualität und Patientensicherheit

Qualität und Patientensicherheit lassen sich nur im Kontext einer konsentierten Terminologie gewährleisten. Sie muss ein wesentlicher Teil des Qualitätsmanagements sein, jeder muss wissen, was der andere meint und wovon er redet (Hellmann 2021).

Der Begriff Patientensicherheit wird nicht konsentiert gebraucht. Empfehlenswert ist eine Definition wie folgt:

Patientensicherheit
Ergebnis aller Maßnahmen in Arztpraxis, Klinik, MVZ und kooperativen Versorgungsstrukturen, Patienten vor vermeidbaren *strukturell* und *systemimmanent* induzierten Risiken im Rahmen der Heilbehandlung zu schützen und zu bewahren (© Prof. Dr. Wolfgang Hellmann)

Neu an der Definition ist die Berücksichtigung *struktureller Risiken* und die besondere Berücksichtigung systemimmanenter Risiken, die in der Diskussion bisher vernachlässigt werden.

▶ **Wichtig** Patientensicherheit ist das Ergebnis aller Bemühungen um Qualität und somit kein Handlungsrahmen wie Qualitätsmanagement und Risikomanagement.

Weitere wichtige Begriffe, die vom Terminus Patientensicherheit, aber auch untereinander, abzugrenzen sind, ergeben sich wie folgt:

W. Hellmann, *Qualitätsmanagement ist Aufgabe der medizinischen Fachabteilung*, essentials, https://doi.org/10.1007/978-3-658-36601-8_2

Patientenorientierung

Bemühen eines Gesundheitsversorgers, alle Servicefunktionen und Maßnahmen zur Gesundung des Patienten auf hohem Niveau sicherzustellen. Patientenorientierung ist somit eine Strategie oder Haltung zum Erreichen von „Patientenzufriedenheit" (© Prof. Dr. Wolfgang Hellmann)

Qualität

Ergebnis des Einsatzes der Instrumente QM, RM und QS mit dem Ziel der Herstellung eines guten Ergebnis Patientensicherheit.
(© Prof. Dr. Wolfgang Hellmann)

Handlungsrahmen für ein gutes Ergebnis Qualität, und damit auch ein gutes Ergebnis PS, sind QM, RM und QS.

Qualitätsmanagement

Handlungsrahmen mit dem Ziel umfassender QS und damit der Vermeidung und Minimierung von Risiken für den Patienten zum Erreichen des Ziels PS, aber auch zum Schutz von Mitarbeitern und Kooperationspartnern und zur Bestandsicherung des Krankenhauses.

Zentrales Handlungsinstrument des Qualitätsmanagements ist ein Qualitätsmanagementsystem (QMS).

Qualitätsmanagementsystem

Managementsystem zur Planung, Struktur, Leitung und Lenkung einer Organisation für die kontinuierliche Umsetzung von QM. Für deutsche Krankenhäuser verpflichtend mit folgenden Instrumenten:

- Qualitätsberichte
- Befragungen (Patienten, Angehörige, Mitarbeiter, Einweiser)
- Beschwerdeerfassung (Beschwerdemanagement)

Risikomanagement beinhaltet wie das Qualitätsmanagement einen Handlungsrahmen zum Erreichen des Ergebnisses Patientensicherheit.

Risikomanagement

Handlungsrahmen zur Vermeidung, Minimierung und Bewältigung von Risiken für Patienten, Mitarbeiter und Kooperationspartner, aber auch zur Bestandsicherung des Krankenhauses. RM kann definiert werden über eine Vielzahl von Risikokategorien (RK), subsumierbar unter dem Begriff „Umfassendes Risikomanagement- URM" (Hellmann und Ehrenbaum 2011).

Beachtet wird im Krankenhaus zentral das **Klinische Risikomanagement** (Kahla-Witzsch et al. 2019). Es hat berechtigt höchste Priorität, da es auf die Vermeidung und Minimierung von Risiken im Behandlungsprozess abstellt, damit aber auch auf die Vermeidung von Behandlungsfehlern.

Berücksichtigt werden müssen aber ebenfalls die übrigen Risiken (z. B. Risiken aus Mitarbeiterversagen). Insoweit ist, wie beim QM, eine eindimensionale Sicht zum Erreichen des Ziels PS nicht ausreichend. Notwendig ist ein multidimensionaler Ansatz gemäß Umfassendes Risikomanagement (URM) (Hellmann und Ehrenbaum 2011).

Zentrales Handlungsinstrument des Risikomanagements ist ein Risikomanagementsystem (RMS).

Risikomanagementsystem (RMS)
Gesamtheit aller organisatorischen Regelungen und Maßnahmen zur Risikoerkennung, Risikobewältigung und Risikovermeidung zum Erreichen des Ziels Patientensicherheit (© Prof. Dr. Wolfgang Hellmann) einschließlich der nachfolgend gelisteten (und weiterer) Instrumente bzw. Risikokategorien.

- Anonyme Fehlermeldesysteme (z. B. CIRS)
- Befragungen (Patienten/Angehörige, Mitarbeiter, Einweiser)
- Juristisches RM
- Betriebswirtschaftliches RM
- Mitarbeiter orientiertes RM
- Patientenorientiertes RM (syn.: Medizinisches RM, Patientenorientiertes RM)
- Sicherheitschecklisten
- Risikodialog (Hellmann und Ehrenbaum 2011)

Die verschiedenen Kategorien des RM sind nicht alle eindeutig voneinander zu differenzieren. Exemplarisch sei genannt „Juristisches Risikomanagement". Fragen des juristischen RM berühren nahezu all o.g. Risikokategorien. Juristen interpretieren den Begriff unterschiedlich. Er wird häufig eingeschränkt auf haftungsrechtliche Probleme bezogen, denen Ärzte in der Patientenversorgung ausgesetzt sind.

Externe Qualitätssicherung
Qualitätssicherung gehört ebenfalls zum Instrumentarium für die Herstellung eines guten Ergebnisses PS. Interne QS beinhaltet eher eine pauschale Aussage. Verstanden werden darunter meist Maßnahmen, die zur Sicherung von Qualität beitragen. Dazu gehören somit vor allem auch QM und RM. Zielführender definierbar ist die „Externe Qualitätssicherung".

Sie ist eine „unabhängige" Qualitätsprüfung (außerhalb des Versorgers) unter Einbeziehung des sogenannten „Strukturierten Dialogs" zwischen Versorger und der zuständigen Einrichtung für externe QS. Die Bedeutung des Strukturierten Dialogs ist uneingeschränkt hoch, sie wird aber im Rahmen eines neuen Konzepts zur Bündelung von Qualitätsmanagement, Risikomanagement und Externer Qualitätssicherung relativiert (Hellmann 2020a).

Compliance
Sie ist formal ein integrierter Bestandteil des RM, der aber durchaus, vor allem auch in der Beratungspraxis (Rechtsanwaltskanzleien und einschlägige Beratungsunternehmen), als eigenständiges Geschäftsfeld betrachtet wird (Weimer 2020). Ihr sollte als „übergreifende Klammer" im Krankenhaus eine übergreifende Bedeutung zugemessen werden. Sie schafft den Rahmen für Rechtssicherheit, aber sorgt auch für Rechtssicherheit, z. B. im Hinblick auf Maßnahmen des Qualitäts- und Risikomanagements.

Aus juristischer Sicht (Schomm und Thielmann 2022) sind Compliance und QM „gleichberechtigte Partner". Hier besteht die Auffassung, dass in einer Compliance-Abteilung als Informations- und Kompetenzschnittstelle die verschiedenen übergreifenden Themen gebündelt werden, um über die Abteilung auf die Einhaltung sehr unterschiedlichen Vorgaben (auch gesetzlicher Art) und die regelrechte Umsetzung von QM und RM achten zu können. Empfohlen wird ein regelmäßiger Austausch des Compliance Beauftragten mit dem Qualitätsmanagement. **Besondere Bedeutung hat eine gute Kommunikation zwischen Compliance- Abteilung und den Fachabteilungen.** Ziel ist das Einwirken auf ein regelkonformes Verhalten bezüglich Qualität und Patientensicherheit.

Business Continuity Management (BCM)
Ist vom Grundsatz her ein Instrument des Risikomanagements. Es wird aber, vor allem von Beratungsunternehmen als eigenständiges (Geschäfts-)Feld ausgewiesen (Hellmann 2020b). Seine Bedeutung lieg in der Vorbeugung von großen Krisen oder Katastrophen. Kluge Krankenhausmanager, machen das, was notwendig ist. Sie haben für ein definiertes Spektrum von diesbezüglichen unerwünschten Risiken „Notfallpläne auf Tasche". Tritt ein entsprechender Fall ein, kann schnell reagiert für eine Bestandsicherung des Unternehmens reagiert werden.

Literatur

Hellmann, W. (2020a): Business Continuity Management (BCM)- Bewältigung plötzlicher Schadensereignisse In: Hellmann, W., Meyer, F., Ehrenbaum, K. Kutschka, I. (Hrsg.): Betriebswirtschaftliches Risikomanagement im Krankenhaus. Ein integrativer Bestandteil des Qualitätsmanagements. Kohlhammer Stuttgart. S. 111–117

Hellmann, W. (2020b): Qualität im Krankenhaus- ein ganzheitlicher Ansatz. In: Hellmann, W., Schäfer, J., Ohm, G., Rippmann, K., Rohrschneider, U. (Hrsg.): SOS Krankenhaus. Strategien zur Zukunftssicherung. Kohlhammer, Stuttgart. S. 138–146

Hellmann W (2021) (Hrsg.) Konsentierte Terminologie fördert die Patientensicherheit. In: Kooperative Versorgungsformen- Chance für den ländlichen Raum. Praxisbeispiele, Konzepte, Wissensvermittlung. Mediengruppe Oberfranken, Kulmbach. S. 17–25

Hellmann W (2022) (Hrsg.): Patientensicherheit als Gemeinschaftsaufgabe. Defizite, Risiken, Konzepte. Springer Gabler, Wiesbaden, im Druck

Hellmann, W., Ehrenbaum, K. (2011) (Hrsg.): Umfassendes Risikomanagement im Krankenhaus. Medizinisch Wissenschaftliche Verlagsgesellschaft, Berlin

Kahla-Witzsch, H., Jorzig, A., Brühwiler, B. (2019): Das sichere Krankenhaus. Leitfaden für das Klinische Risikomanagement. Kohlhammer, Stuttgart

Schomm, K., Thielmann, T. (2022): Compliance ist auch Patientensicherheit. In: Hellmann W. (Hrsg.): Patientensicherheit ist Gemeinschaftsaufgabe. Defizite, Risiken, Konzepte. Springer Gabler, Wiesbaden im Druck

Weimer, T. (2020): Compliance im Krankenhaus- Theoretische Grundlagen, Planung und praktische Umsetzung. In: Hellmann, W., Meyer, F., Ehrenbaum, K. Kutschka, I. (Hrsg.): Betriebswirtschaftliches Risikomanagement im Krankenhaus. Ein integrativer Bestandteil des Qualitätsmanagements. Kohlhammer Stuttgart. S. 71–80

Stand des Qualitätsmanagements im Krankenhaus mit Blick auf einen Paradigmenwechsel

3

Hausinterne Qualitätsmanagementsysteme für Krankenhäuser sind gesetzlich vorgeschrieben (Hellmann 2020). Bedingt durch veränderte Rahmenbedingungen wie Fachkräfte- und Finanzmangel geraten vor allem finanz- und personalintensive kommerzielle Konstellationen zunehmend in die Kritik.

Entsprechende Systeme werden; vor allem von Ärzten, bereits länger infrage gestellt (Costa 2014). Die skeptische Haltung spiegelt sich häufiger u. a. in einer nicht produktiven Zusammenarbeit mit dem ZQM wider. So werden beispielsweise zugeleitete Fragebögen zu Patienten- und Mitarbeiterbefragungen nicht bearbeitet. Damit wird die Arbeit des ZQM konterkariert und der erforderliche Kontinuierliche Verbesserungsprozess (KVP) zur Optimierung der Patientenversorgung und der Führung und Betreuung von Mitarbeitern massiv eingeschränkt.

Hinzu kommt eine abnehmende Motivation der Mitarbeiter für das QM. Vorrangiges Argument: „Wir investieren umfangreich finanziell und personell, das QM wird aber bei uns nicht gelebt." Die kontinuierliche notwendige Optimierung der Patientenversorgung wird damit infrage gestellt.

Literatur

Costa (2014) Nicht zum Nutzen der Patienten. Deutsches Ärzteblatt 38: A 1556
Hellmann W (2020) Qualität im Krankenhaus- ein ganzheitlicher Ansatz. In: Hellmann W, Schäfer J, Ohm G, Rippmann K, Rohrschneider U (Hrsg.) SOS Krankenhaus. Strategien zur Zukunftssicherung. Kohlhammer, Stuttgart. S. 138–146

Veränderte Rahmenbedingungen für das Qualitätsmanagement

4

Zur grundlegenden geringen Akzeptanz aufwendiger Qualitätsmanagementsysteme kommen die massiven Defizite in unserem Gesundheitswesen, verschärft durch Corona (Hellmann 2022). Noch weniger Mittel stehen jetzt zur Verfügung. Die Länder kommen ihrer Verpflichtung zur Bereitstellung von Investitionsmitteln noch weniger nach als bisher, das unvollkommene System der Fallpauschalen tut sein Übriges. Pflegekräfte verlassen aufgrund der harten Arbeitsbedingungen, wenig Wertschätzung und nicht ausreichender Bezahlung in Scharen die Krankenhäuser mit der Folge, dass Intensivbetten aufgrund fehlenden Personals nicht genutzt werden könne. Die Gesundheitspolitik schaut hilflos zu. Insgesamt besteht Personalmangel in einem Umfang, der Prioritätensetzung einfordert. Aufwendige Qualitätsmanagementsystem mit viel Personal und hohem Finanzaufwand gehören nicht dazu.

Literatur

Hellmann, W (2022) (Hrsg.) Patientensicherheit ist Gemeinschafsaufgabe. Defizite, Risiken, Konzepte. Springer Gabler, Wiesbaden, im Druck

Schlussfolgerungen aus der veränderten Situation

5

Unabhängig von der bestehenden Situation ist, was vielerorts von Ärzten bisher nicht akzeptiert wurde, Qualitätsmanagement nicht nur Aufgabe des Krankenhauses insgesamt, sondern vor allem der Fachabteilung (Hellmann 2017, Hellmann 2022). „In der Fachabteilung spielt die Musik, hier werden die Patienten behandelt".

Demzufolge ist sie zentral verantwortlich für die Sicherung hoher Behandlungsqualität und eines guten Ergebnisses PS. Insofern ist es naheliegend, dass für den Fall eines nicht funktionierenden QMS oder aber auch in Krisenzeiten die Fachabteilung in besonderer Weise aktiv werden muss.

Aufgrund der hohen Belastungen der Fachabteilungen (auch mit ausgedünntem Personal und wenig Finanzmitteln) muss dies mit möglichst geringem Aufwand umgesetzt werden. Dass es aber umgesetzt werden muss, ist eine Binsenweisheit. Denn wenn die Fachabteilung gute Qualität als Grundlage für Patientensicherheit liefern kann, wird ihre Bestandsicherung dauerhaft nicht erfolgen können.

▶ **Praxistipp** Thematisieren und begründen Sie die Notwendigkeit einer intensiven Fokussierung Ihrer Abteilung auf das QM mit dem notwendigen Ziel eines guten Ergebnisss Patientensicherheit. Verdeutlichen Sie, dass nur höchste Qualität die Abteilung zukunftssicher machen kann.

Transportieren Sie ebenfalls die Überlegung, dass es bei der Ausrichtung auf Qualität nicht nur um Patienten gehen kann, sondern auch um die Mitarbeiter. Nur wenn sie gute Arbeitsbedingungen haben, werden sie bereit sein, Sie bei erforderlichen Veränderungen

W. Hellmann, *Qualitätsmanagement ist Aufgabe der medizinischen Fachabteilung,* essentials, https://doi.org/10.1007/978-3-658-36601-8_5

massiv zu unterstützen, z.b. im Hinblick auf die Mitwirkung an der Einrichtung eines Interdisziplinären Behandlungszentrums, gemeinsam mit anderen Fachabteilungen. Praxistipp Ende

Qualität in Ihrer Abteilung muss Markenzeichen werden, damit eine „Magnetwirkung" besonders beim ärztlichen Nachwuchs (Studierende im Praktischen Jahr und Ärzte in Weiterbildung) erzielt werden kann. Gelingt Ihnen dies nicht, werden Sie dauerhaft keine ausreichende Zahl von Fachärzten für Ihre Abteilung sichern können. Aktuell abschreckendes Beispiel ist die Chirurgie!

Nicht attraktive Arbeitsbedingungen haben dazu geführt, dass es kaum noch Bewerbungen des ärztlichen Nachwuchses gibt! Dies sollte in Ihrer Abteilung nicht eintreten. Ansonsten wäre es nur noch eine Frage der Zeit, dass Sie Ihre Abteilung schließen müssen!

Literatur

Hellmann, (2017) Kooperative Kundenorientierung im Krankenhaus. Ein wegweisendes Konzept zur Sicherung von mehr Qualität. Kohlhammer, Stuttgart, S. 91–118

Hellmann, W (2022) (Hrsg.) Patientensicherheit ist Gemeinschafsaufgabe. Defizite, Risiken, Konzepte. Springer Gabler, Wiesbaden, im Druck

Compliance als übergreifende Klammer aller Bemühungen um Patientensicherheit

6

Was ist Compliance?

Diese Frage ließe sich über zahlreiche Angaben verschiedener Autoren umschreiben (Dann 2015; Weimer 2020), allerdings fehlen in der Regel Hinweise auf Patientensicherheit. Hier gibt es inzwischen eine erweiterte Auslegung von Compliance unter Einbeziehung von Patientensicherheit (Schomm und Thiemann 2022):

> „Der Begriff „Compliance" steht für die Einhaltung von gesetzlichen Bestimmungen und unternehmensinternen Regelungen. Dabei werden im konkreten Fall alle für das Unternehmen jeweils geltenden, rechtlich relevanten Bereiche in den Blick genommen. Es spielen unter anderem straf-, kartell-, wettbewerbs-, umwelt- und datenschutzrechtliche Gesichtspunkte eine Rolle. *Im Krankenhausbereich ist der Aspekt der Patientensicherheit somit ein Teilaspekt der Compliance.* Er überschneidet sich mit der gesetzlichen Verpflichtung zur Einführung und Weiterentwicklung von Qualitäts- und Risikomanagementsystemen (§§ 135a, 137 SGB V). *Während letztere aber im Wesentlichen auf die Qualität der medizinischen Leistungen und die Qualitätssicherung abzielen, geht Compliance darüber hinaus.* Durch den risikoorientierten Ansatz werden sämtliche Risiken miteinbezogen, die sich für die Rechtsgüter eines Patienten im Zusammenhang mit einem Krankenhausaufenthalt ergeben können, z. B. im Bereich Privatabrechnung oder Datenschutz. Auch Korruption kann sich auf die Patientensicherheit auswirken."

> „Im Rahmen von Compliance empfiehlt sich daher ein weites Verständnis des Begriffs Patientensicherheit. Es kann zum einen als „Abwesenheit von unerwünschten Ereignissen in medizinischen Behandlungsprozessen" verstanden werden, wobei unerwünschte Vorkommnisse als „schädliche Vorkommnisse, die eher auf der Behandlung denn auf der Erkrankung beruhen" zu verstehen sind (siehe auch: in Schomm und Thielmann 2022). Darüber hinaus kann – nach hiesiger Ansicht – auch der Nichteintritt für den Patienten negativer Konsequenzen, d. h. Schäden an seinen rechtlich geschützten Interessen, abseits des medizinischen Behandlungsprozesses im Zusammenhang mit dem Krankenhausaufenthalt, darunterfallen."

© Der/die Autor(en), exklusiv lizenziert durch Springer Fachmedien Wiesbaden GmbH, ein Teil von Springer Nature 2022
W. Hellmann, *Qualitätsmanagement ist Aufgabe der medizinischen Fachabteilung,* essentials, https://doi.org/10.1007/978-3-658-36601-8_6

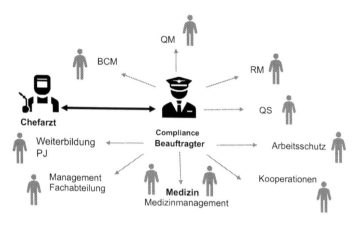

Qualität und Patientensicherheit als Ergebnis

Abb. 6.1 Compliance in der Fachabteilung als übergreifende Klammer aller Bemühungen um Qualität mit dem Ziel Patientensicherheit (Quelle: Eigene Darstellung)

Legt man diese Auffassung (Schomm und Thielmann 2022) zugrunde, ergibt sich eine enge Zusammenarbeit zwischen dem Verantwortlichen für Compliance und der Fachabteilung (Abb. 6.1).

Wie können Sie in Ihrer Abteilung vorgehen?

Eine sinnvolle Vorgehensweise umfasst folgende Schritte (s. auch Schomm und Thielmann 2022):

- Identifizierung, Quantifizierung und Priorisierung des Compliance- Bedarfs in den einzelnen Arbeitsbereichen der Abteilung
- Erfassen der Risiken mittels einer Checkliste und Gliederung nach Risikobereichen
- Berücksichtigung auch des Bereiches „Patientenmanagement und Patientensicherheit"
- Treffen von Maßnahmen zur Risikobewältigung

Literatur

Dann M (2015) Compliance im Krankenhaus. Deutsche Krankenhaus Verlagsgesellschaft mBH, Düsseldorf, Risiken erkennen, Rahmenbedingungen gestalten

Schomm, K., Thielmann, T. (2022) Compliance ist auch Patientensicherheit. In: Hellmann W. (Hrsg.): Patientensicherheit ist Gemeinschaftsaufgabe. Defizite, Risiken, Konzepte. Springer Gabler, Wiesbaden im Druck

Weimer T (2020) Compliance im Krankenhaus- Theoretische Grundlagen, Planung und praktische Umsetzung. In: Hellmann W, Meyer F, Ehrenbaum K, Kutschka I (Hrsg.) Betriebswirtschaftliches Risikomanagement im Krankenhaus. Ein integrativer Bestandteil des Qualitätsmanagements. Kohlhammer Stuttgart. S. 71–80

7

BCM – Business Continuity Management zur dauerhaften Bestandsicherung

Definition, Anforderungen, Ziele

BCM ist ein Krisen- und Notfallmanagement für plötzlich und unerwartete existenzbedrohenden Krisen und Katastrophen. Für den Ernstfall bedeutet dies (Hellmann 2020, Rosenberg 2022), „Handlungsoptionen" für den Ernstfall „auf Tasche" zu haben, um im Sinne einer Bestandsicherung Schaden vom Unternehmen abwenden zu können.

Beispiele für existenzbedrohende Einwirkungen zum Krankenhaus

- Ausfälle von notwendigen IT-Systemen für die Patientenversorgung
- Ausfälle von Gebäuden und Räumen zur Unterbringung von Patienten
- plötzliches Wegbrechen von Patienten, Einweisen oder Pflegepersonal
- massive Finanzverluste im Kontext von Patientenklagen auf Behandlungsfehler
- Ausfälle von Lieferanten für die Bereitstellung von Medizinprodukten
- explosionsartiges Auftreten von privaten Investoren als Konkurrenten

Ziel von BCM ist eine schnelle Wiederherstellung des normalen Betriebs nach einer Störung.

Einzelschritte für die Umsetzung von BCM (Abb. 7.1):

- Strategiefestlegung
  - Akzeptale Ausfallszeiten
  - Fortführungsziele
  - Verfügbarkeitsziele
- Planung und Umsetzung
  - Erstellung von BCM-Plänen und Beschreibung konkrete Handlungsanweisungen

W. Hellmann, *Qualitätsmanagement ist Aufgabe der medizinischen Fachabteilung*, essentials, https://doi.org/10.1007/978-3-658-36601-8_7

Abb. 7.1   BCM- unverzichtbares Instrument für die Bestandsicherung in schwierigen Zeiten (Krisen- und Notfallkoffer) (Quelle: Eigene Darstellung)

- Hoher Detaillierungsgrad ist zwingend, damit ggf. betriebsfremde Personen agieren können
- Kontinuierlicher Verbesserungsprozess (KVP)
  - Bestehende Notfallpläne müssen (auch im Hinblick auf sich verändernde Rahmenbedingungen) ständig weiterentwickelt und angepasst werden,

Erfolgsfaktoren für BCM sind vor allem die zielorientierte Kommunikation innerhalb der Fachabteilung zur kontinuierlichen Anpassung des Konzepts (Modifizierung von Notfallplänen), die Entwicklung von Szenarien im Hinblick auf mögliche Ereignisse und Schulungen der Mitarbeiter zum Thema.

> ▶ **Praxistipp** Machen Sie BCM in Ihrer Abteilung zu einem Thema. Stellen Sie die Frage, was eigentlich passiert, wenn (aus welchen Gründen auch immer) Patienten oder Einweiser plötzlich wegbrechen. Sie können mit ratlosen Gesichtern Ihrer Mitarbeiter rechnen. Sorgen Sie vor. Erarbeiten Sie mit Ihren Mitarbeitern eine Liste mit den Risiken, die im Hinblick auf Ihre Abteilung auftreten „könnten" und definieren Sie

hier Notfallpläne für den Ernstfall. Auch wenn Details bestimmter Entwicklungen nicht vorgesehen werden können, ist eine Vorbeugung für den Ernstfall sinnvoll.

Literatur

Hellmann, W. (2020): Business Continuity Management (BCM)- Bewältigung plötzlich eintretender Schadensereignisse. In: Hellmann, W., Meyer, F., Ehrenbaum, K., Kutschka, I. (Hrsg.): Betriebswirtschaftliches Risikomanagement im Krankenhaus. Ein integrativer Bestandteil des Qualitätsmanagements. Kohlhammer, Stuttgart. S. 111–117
Rosenberg M (2022) Business Continuity Management. In Hellmann W (Hrsg.) Patientensicherheit ist Gemeinschaftsaufgabe. Defizite, Risiken, Konzepte. Springer Gabler, Wiesbaden im Druck

Das Konzept „Qualitätsmanagement für die Fachabteilung" 8

8.1 Merkmale des Konzepts

Praxisrelevanz

Das Projekt hat hohe Praxisrelevanz. Es beschreibt eine Alternative zur herkömmlichen Nutzung von kosten- und personalaufwändigen Qualitätsmanagementsystemen in einer Zeit von Personal- und Finanzmangel. Unabhängig davon, weist es den Fachabteilungen die Verantwortung für die Umsetzung von Qualität zu, die sie als Kernaufgabe an sich ohnehin erfüllen müssen. In diesem Zusammenhang sind innovative Erkenntnisse zu einer Neujustierung von Qualitäts- und Risikomanagement in das Konzept eingeflossen.

Fortschritt für die Versorgung

Das Projekt leistet einen Beitrag zur Optimierung der Krankenversorgung in deutschen Krankenhäusern, auch durch das Aufzeigen von Defiziten als Grundlage für die Optimierung von Versorgungsansätzen (z. B. Integrierte Versorgung zur Aufhebung von Versorgungsbrüchen für betagte Patienten). Es fördert auch ein neues Bewusstsein von Ärzten für die Belange von Patienten, Mitarbeitern und Einweisern.

Potenzieller Einfluss auf die Patientensicherheit

QM mit RM ist basale Grundlage hoher Versorgungsqualität und für ein gutes Ergebnis PS. Das Aufzeigen von Defiziten in den genannten Bereichen ist wegweisend für die Erkenntnis, dass besonders in den Fachabteilungen alles getan werden muss, um Patienten qualitativ hochwertig und sicher zu versorgen. Bisher war die schwerpunktmäßige Zuordnung für das QM zu den Fachabteilungen für Ärzte ein Tabuthema mit Abwälzung des Qualitätsmanagements auf das Unternehmen. Dies hat sich geändert. Die Fachabteilungen sind aufgrund der zur Zeit durch Corona induzierten schwierigen Bedingungen, unabhängig von ihrer grundsätzlichen Verantwortung für eine qualitativ hochwertige Patientenversorgung (mit dem Ziel eines guten Ergebnisses Patientensicherheit), in besonderer Weise gefordert, QM mit RM effizient und zielsicher zu gestalten und damit ein gutes Ergebnis PS zu sichern.

8.2   Was Sie zur Struktur des Konzepts wissen müssen

Das Konzept fokussiert auf die Kernaufgabe der Fachabteilung, hohe Behandlungsqualität und PS zu gewährleisten. Es berücksichtigt die derzeit schwierigen Rahmenbedingungen mit Personal- und Finanzmangel und folgt somit dem Grundsatz: „was machbar und möglich ist". Dies schließt umsetzbare, personalverträgliche und kostengünstige Lösungen ein. Zentral berücksichtigt ist der Blick auf die Notwendigkeit der Einstimmung der jungen Generation auf PS im PJ und in der Ärztlichen Weiterbildung.

Bestandteile des Konzepts

Checklisten– auf deren Basis die Ärzte der Fachabteilung überprüfen können, wo Defizite im QM und RM bestehen, um darauf aufbauend Optimierungen vornehmen können.

Handreichung (in Buchform) – mit besonderem Fokus auf Defizite im PJ und der Ärztlichen Weitbildung, Ziel dieser Komponente ist es, Anregungen für eine attraktive Gestaltung der Arbeitsbedingungen im PJ und in der Ärztlichen Weiterbildung zu geben, auch um damit dauerhaft einen Beitrag zur Sicherung ausreichender Fachärzte und damit zur PS leisten zu können.

Zielsetzung der Checklisten

Die Checklisten definieren einen „Gesamtcheck für die Umsetzung von QM mit RM" zur Herbeiführung eines guten Ergebnisses PS. Unterschieden werden Checklisten zu Erfordernissen des QM und RM für

- Patienten
- Mitarbeiter
- Einweiser
- die Bestandsicherung der Fachabteilung
- das PJ und die Ärztliche Weiterbildung.

Die einzelnen Checklisten konzentrieren sich auf die Aspekte, denen in vielen Fachabteilungen nicht ausreichend Rechnung getragen wird. Differenziert wird in den Listen zwischen den jeweiligen Aktionsbereichen (mit je einem Beispiel oder einer Frage zu einem postulierten gravierenden Defizit) und Hinweisen zur Gegensteuerung (Praxistipps).

Anmerkung zu den Beispielen
Die Gesamtheit der Checklisten (1–6) bezieht sich auf zu vollziehende Veränderungen, die zur Zukunftssicherung von Fachabteilungen zwingend erforderlich sind, bisher auf breiter Basis aber nicht berücksichtigt werden. Dies gilt vor allem für Wünsche und Forderungen der jungen Generation (Y). Beachtung wurde auch neuen Technologien geschenkt (Digitalisierung), die im Kontext von Personalmangel für eine zukunftsorientierte Patientenversorgung essentiell sind.

Wie Sie die Checklisten nutzen können
Die Checklisten orientieren sich an den notwendigen Erfordernissen einer notwendigen Neuausrichtung von QM mit Übernahme der zentralen Verantwortung durch die Fachabteilung. Sozusagen „exemplarisch" wurden die Schwachzellen einbezogen (postulierte Defizite), die vielerorts identifizierbar sind. Die darauf bezogenen Anregungen (Praxistipps) sind Grundlage für eine Optimierung.

Die Nutzung der Checklisten ist dann sinnvoll, wenn Sie der Überlegung nach mehr Engagement Ihrer Abteilung im Qualitätsmanagement folgen können. Ist dies der Fall, sollte entweder über die Abteilungskonferenz oder eine Arbeitsgruppe eine IST-Analyse auf den Weg gebracht werden. Dies sollte alle potenziellen Defizite in Sachen Qualität und Patientensicherheit erfassen.

Auf Basis der Ergebnisse der Ist-Analyse sollten Sie ein „Qualitätskonzept" (SOLL-Konzept) für Ihre Abteilung entwickeln, das nicht nur angemessen die derzeitigen schlechten Rahmenbedingungen (Finanzmangel, Personalmangel) berücksichtigt (Was machbar und möglich ist), sondern ebenfalls der These folgt: „Nichts ist mehr so, wie es gewesen ist". Konkret beinhaltet dies vor allem den Blick auf weitere mögliche Krisen wie Corona im Kontext von BCM-Business Continiuty Management (BCM) mit der Entwicklung von Szenarien zu möglichen Krisen oder Katastrophen (Fink 2021).

Zusammenfassend ergibt sich:

- Prüfung, ob Sie der Überlegung folgen können: „Qualitätsmanagement ist originäre Aufgabe der Fachabteilung"
- Benennung der Verantwortlichen (ggf. Arbeitsgruppe, ansonsten Diskussion in der Abteilungskonferenz)

- Durchführung einer Ist-Analyse
- Entwicklung eines Soll-Konzepts
- Implementierung soweit machbar und möglich

▷ **Praxistipp** Bitte geben Sie sich nicht der Illusion hin, das beschriebene Procedere sei ein einmaliger Vorgang. Ist es nicht! Der Stand des Qualitätsmanagements muss kontinuierlich in definierten Zeitfenstern im Sinne einer Ist-Analyse überprüft und angepasst werden. Empfohlen wird ein „Additives Qualitätsmanagement", das auf Grundlage des bereits Bewährten in Bezug auf sich verändernde Rahmenbedingungen stetig an die veränderten Erfordernisse adaptiert (Abb. 8.1)

Checkliste 1 – Aktivitäten für Patienten

Abteilungsbezogene Qualität bedeutet weit mehr als „medizinische Expertise". Sie ist zu definieren als Ergebnis der Bündelung einer größeren Zahl von Qualitätskategorien. Diesem muss im Abteilungsmanagement angemessen Rechnung getragen werden, um ein gutes Ergebnis Patientensicherheit gewährleisten zu können.

Angaben zu den Qualitätskategorien und Instrumenten des Qualitätsmanagements finden sich an anderer Stelle (Hellmann 2022).

Aktionsbereich und postulierte Defizite	Praxistipps (für den Chefarzt)
Strukturqualität nicht ausreichende Zahl qualifizierter Ärzte	Nehmen Sie Kontakt zur Geschäftsführung auf, eruieren Sie die Möglichkeiten zur Erweiterung der Personalausstattung und setzen Sie diese ggf. um
Prozessqualität Medikation und Diagnostik nicht immer punktgenau, Einzelprozesse im Behandlungsverlauf nicht immer zielführend ineinandergreifend **Servicequalität** * unfreundliches Personal	**Praxistipp:** Prüfen Sie die Ursachen im Dialog mit den Mitarbeitern und suchen Sie nach Wegen der Optimierung, ggf. durch Unterweisungen von erfahrenen Ärzten oder Schulungen **Praxistipp:** Verifizieren Sie die konkreten Fälle und schaffen Sie Abhilfe, z. B. auf Grundlage von Schulungen für die Mitarbeiter

Aktionsbereich und postulierte Defizite	Praxistipps (für den Chefarzt)
Diagnosequalität nicht immer punktgenau	**Praxistipp:** Ermitteln Sie die Ursachen. Stellen Sie vor allem die Frage, ob fachliche Unzulänglichkeiten von Mitarbeitern ursächlich verantwortlich sind. Bei fachlichen Defiziten könnte eine Schulung die Situation optimieren helfen
Indikationsqualität nicht immer punktgenau, teilweise „überhöht"	**Praxistipp:** Ermitteln Sie die Ursachen und prüfen Sie besonders im Hinblick auf Operationen, warum der Einsatz möglicher konservativer Therapien durch Operationen ersetzt wurde. Schaffen Sie ggf. Abhilfe
Therapeutische Qualität ** überproportionierte Zahl von Hüftoperationen (Fallzahlsteigerungen)	**Praxistipp:** Prüfen Sie vor allem, ob fachliche Unzulänglichkeiten von Mitarbeitern vorgelegen haben, oder aber ob gezielt und nicht immer begründbar die Zahl von Operationen gesteigert wurde. Gebieten Sie evtl. negativen Entwicklungen Einhalt
Managementqualität Controlling klagt über schlechte Zusammenarbeit mit der Fachabteilung	**Praxistipp:** Gute Zusammenarbeit mit dem Controlling ist für die Bestandsicherung Ihrer Abteilung unverzichtbar. Ein zielorientierter und offener Austausch ist deshalb zwingend. Informieren Sie sich dabei auch über die Zwänge, denen das Controlling unterliegt. „Wissen zum Gegenüber" schafft neben Vertrauen eine bessere Basis für gute Zusammenarbeit
Kooperationsqualität Bemängelt wird von niedergelassen Ärzten das Fehlen eines kompetenten Ansprechpartners im Krankenhaus	**Praxistipp:** Niedergelassene erwarten im Regelfall den Chefarzt als Ansprechpartner. Ist dies aus organisatorischen Gründen nicht möglich, sollte dies kommuniziert und begründet werden und ggf. ein geeigneter Oberarzt für den Dialog zur Verfügung stehen *Besonderer Hinweis:* Gute Kooperationsqualität ist wichtiger Faktor für PS, vor allem in Bezug auf eine sektorenübergreifende Versorgung („ohne Brüche") für ältere und chronisch kranke Patienten

Aktionsbereich und postulierte Defizite	Praxistipps (für den Chefarzt)
Ökonomische Qualität Über die Notwendigkeit eines angemessenen Kosten-Nutzen Verhältnisses einer Intervention wird von Neueinsteigern, aber auch von eher erfahrenen Ärzten nicht immer nachgedacht	**Praxistipp:** Vor allem Studierenden im PJ und jungen Ärzte in der Weiterbildung, muss klar sein (oder verdeutlicht werden), dass ein komplexer Abwägungsprozess zwischen Nutzen und Kosten für eine Intervention zwar komplex und schwierig ist, im Kontext zunehmenden Finanzmangels aber zwingend ist. Wird dies von den Adressaten reflektiert und als Verpflichtung angesehen, nutzt das Ihren Patienten, aber auch der Bestandsicherung Ihrer Fachabteilung
Klinische Pfade (KP) Bisher nicht eingeführt, da die Vorbehalte innerhalb des ärztlichen Teams groß sind (Reglementierung, Eingriff in ärztliches Handeln)	**Praxistipp:** Einführung zur Optimierung der Behandlung und der Zusammenarbeit zwischen den beteiligten Berufsgruppen. Weiterer Vorteil: mögliche Kosteneinsparungen *Besonderer Hinweis:* Die Bedenken sind nicht nachvollziehbar. KP sind Handlungskorridore, allerdings muss begründet werden, wenn eine vom Pfad abweichende Entscheidung getroffen wird
Patientenpfade als Ergänzung oder Alternative zu textlichen Darstellungen im Kontext der Aufklärung von Patienten wurden bisher nicht eingeführt	**Praxistipp:** „Patientenpfade" erleichtern das Verständnis der Patienten für das „warum, wo und wie" einer Therapie. Sind Patienten entsprechend auf ihren „Weg" gut vorbereitet, besteht die Möglichkeit ihrer Einbindung in den Behandlungsprozess. Dies ist nicht nur nützlich für das individuelle Behandlungsergebnis, sondern nützt auch der PS *Besonderer Hinweis:* Verstöße gegen Aufklärungspflichten sind häufig, dies gilt besonders für die Pflicht zur mündlichen Aufklärung. Es ist zwingend, dass Ihre Ärzte dieser Notwendigkeit folgen. Thematisieren Sie dies ggf. in einem Workshop in Ihrer Abteilung

Aktionsbereich und postulierte Defizite	Praxistipps (für den Chefarzt)
Kontinuierlicher Verbesserungsprozess (KVP) Es besteht kaum Motivation der Mitarbeiter der Facharbeiter für die Zusammenarbeit mit dem ZQM	**Praxistipp:** Die GF muss die Notwendigkeit der Unterstützung durch die Fachabteilung beim QM nachdrücklich einfordern. Ohne kontinuierliche Erkenntnisse zur Patientenzufriedenheit, ist eine Verbesserung und Anpassung an veränderte Patientenbedürfnisse nicht möglich Letztendlich kann dies Unzufriedenheit der Patienten bedeuten mit dem Ergebnis, dass sie das Krankenhaus nicht weiterempfehlen. Eine Beeinträchtigung der PS ist durch Unterlassung im genannten Sinne ebenfalls möglich
Kommunikation Patienten klagen über schlechte Kommunikation mit mehreren Ärzten (Fachtermini, kaum Beantwortung von Fragen etc.)	**Praxistipp:** Kommunikation ist ein Stiefkind in vielen Bereichen der Medizin. Gute Kommunikation im Kontext der Berücksichtigung veränderter Rahmenbedingungen (neue Patienten- und Mitarbeiterklientel) ist ein Pfund, mit dem Sie wuchern können. Sie trägt auch zur Zukunftssicherung Ihrer Abteilung bei. Optimieren Sie deshalb die Situation, ggf. durch das Angebot von Schulungen
Patientenrechte Bemängelt wird von Patienten wenig Diskretion, vor allem im Empfangsbereich (Namensnennung anderer Patienten, Beschreibung deren Krankheitsbilder etc.)	**Praxistipp:** Diskretion ist ein Patientenrecht. Es ist für Sie dringliche und unverzichtbare Aufgabe dieses Recht sicher zu stellen. Ist dies nicht gegeben, kann dies gravierende Folgen für Sie haben. Klären Sie Ihre Mitarbeiter über die Notwendigkeit und die evtl. Folgen von Verstößen auf
Kundenorientierung Ist im Empfangsbereich der Klinik kaum identifizierbar. Das Personal „bedient" sich mit Priorität selbst (private Telefonate etc.), erst dann kommt der Patient. Ähnliches wird gelegentlich augenfällig in der praktischen Patientenversorgung	**Praxistipp:** Kundenorientierung ist ein zentral vernachlässigter Bereich im Krankenhaus. Der Kunde ist aber auch hier „König". Er steht somit an erster Stelle. Werden seine Bedürfnisse nicht erfüllt, wird er nicht wiederkommen und auch die Abteilung nicht weiterempfehlen Wirken Sie deshalb vor allem auch auf Ihre nichtärztlichen Mitarbeiter ein und bieten Sie ggf. eine Schulung an

Besondere Hinweise zur Checkliste 1

(1) * **Servicequalität** hat für Patienten einen sehr hohen Stellenwert. Sie ist entscheidend dafür verantwortlich, wie Patienten einen Krankenversorger beurteilen (**Subjektive Qualität**). Ist die Beurteilung positiv, werden sie bei einer Neuerkrankung wiederkommen und den Versorger an Bekannte und Freunde weiterempfehlen. Gute Servicequalität ist deshalb ein unverzichtbares Marketinginstrument für die Rekrutierung neuer Patienten. Die Medizinische Qualität entfällt weitgehend als Bezugspunkt. Die meisten Patienten können ein medizinisches Behandlungsergebnis nicht beurteilen.

(2) ** **Therapeutische Qualität ist** nicht zu verwechseln mit „Ergebnisqualität". Der letztgenannte Begriff ist im bisherigen Gebrauch nicht zielführend. Er taucht somit auch in der Tabelle bewusst nicht auf. Ergebnisqualität wird vom Autor dieses Buches als das Ergebnis der gebündelten Aktivitäten der verschiedenen in der Tabelle genannten Qualitätskategorien definiert. Insofern ist auch „hohe Ergebnisqualität" nicht allein auf die medizinische Expertise (z. B. eines Operateurs) zu beziehen, sondern sie spiegelt die Bündelung einer größeren Zahl von Qualitätskategorien (z. B. Mitarbeiterqualität, Managementqualität etc.). Der nachfolgende Kasten sollte entfallen, der Text ohne Rahmen folgen!!

▶   **Wichtig** Worauf Sie besonders achten müssen.

Management der Entlassung

Patienten klagen zunehmend darüber, dass sie nach einer stationären Behandlung und anschließender Entlassung „alleine gelassen worden sind". Sie wussten nicht, wohin die Reise geht und was sie weiter erwartet (Anschlussbehandlung? Wenn ja, Wie? Wo? Bei Wem? Häusliche Betreuung? Betreuung durch einen ambulanten Pflegedienst?) Häufiger Satz: „Ich stand alleine, hilflos und traurig da, so ähnlich wie eine arme Frau auf dem Bahnhof, bei der der letzte Zug schon abgefahren ist". Dies kann es natürlich nicht sein. Insbesondere auch Patienten, die operativ behandelt worden sind, müssen vor ihrer Entlassung genau wissen, was jetzt zu tun ist, wer die Anschlussversorgung vornimmt und wie sie organisiert ist.

> **Beachten Sie:** Ein geregeltes und zielführendes Management ist gesetzlich für Krankenhäuser vorgeschrieben. Dies ergibt sich aus einschlägigen gesetzlichen Vorgaben (Bundesgesundheitsministerium 2021, Kramer 2021)

Aufklärung

Ähnliches gilt für eine fundierte Aufklärung des Patienten. Sie ist Voraussetzung auch für Patientensicherheit. Nachfolgend einige ausgewählte Beispiele.

- Verstöße gegen Aufklärungspflichten können für Sie gravierende Folgen haben, Patientenklagen sind an der Tagungsordnung.
- Verzichten Sie nie auf ein persönliches Aufklärungsgespräch (z. B. im Hinblick auf einen notwendigen operativen Eingriff).
- Zeigen Sie dem Patienten Behandlungsalternativen auf.
- Vermeiden Sie Verstöße gegen den operativen Standard.
- Weisen Sie Ihre Mitarbeiter darauf hin, dass sie bei einer notwendigen Delegation (z. B., wenn der zuständige Arzt, aus welchen Gründen auch immer, nicht verfügbar ist) im Falle eines Behandlungsfehlers vor Folgen nicht gefeit sind und eine Selbstprüfung (ob die erforderlichen Qualifikationen für den Eingriff vorhanden sind), erfolgt ist.
- Berücksichtigen Sie auch die Berechtigung des Patienten zu Fragen und mögliche Folgen, die sich für Sie aus einer unterlassenen Befunderhebung ergeben können.

Umfassende Hinweise zu regelrechter Aufklärung des Patienten gibt eine Arbeitshilfe der Deutschen Krankenhausgesellschaft (Deutsche Krankenhausgesellschaft 2021).

Zweitmeinung

Vertrauen in den behandelnden Arzt ist bei den meisten Patienten grundsätzlich gegeben. Dennoch kommt es häufig zu Zweifeln. Ist das die richtige Behandlung? Sind die möglichen Folgen tatsächlich so harmlos wie dargestellt? Gibt es nicht Alternativen zur bevorzugten Therapie des Arztes? Entsprechende Fragen sind berechtigt, Sie müssen diese dem Patienten zugestehen. Denn eine Zweitmeinung trägt nicht nur zur Sicherheit bei, einer Therapie zuzustimmen. Sie beinhaltet auch eine Absicherung Ihres ärztlichen Vorschlages (Hellmann 2022).

Beispiel

Nach schwerem Herzinfarkt eines Patienten stellt sich die Frage nach einer Bypass-Operation oder alternativ nach einer konservativen (medikamentösen) Therapie. Der behandelnde kardiologische Chefarzt weiß, dass der Sohn des Patienten als Assistenzarzt in einer renommierten herzchirurgischen Abteilung eines Universitätsklinikums tätig ist. Er empfiehlt dem Patienten, seitens der betreffenden Abteilung eine Meinung einzuholen. Der Direktor der Abteilung kommt aufgrund der von der Kardiologie zur Verfügung gestellten Befunde und des darauf bezogenen „Films" zu dem Ergebnis: „Eindeutige Indikation: Bypass Operation". Nach Vorliegen der Meinung des Herzchirurgen bezweifelt der behandelnde Kardiologe immer noch, dass die Durchführung einer Operation die richtige Entscheidung sei. Er bietet dem Patienten an, sich bei einem befreundeten Kardiologen eine 2. Meinung einzuholen. Dieser empfiehlt, wie der behandelnde Kardiologe, eine konservative Therapie. Gemeinsam entscheiden dann Patient und behandelnder Kardiologe die Durchführung einer konservativen Therapie. Ergebnis: Eine völlig richtige Entscheidung. Der Patient ist heute, 22 Jahre nach seinem Herzinfarkt, in einem sehr guten Zustand. Zu keinem Zeitpunkt gab es Beschwerden oder Einschränkungen. ◄

Checkliste 2: Notwendige mitarbeiterorientierte Aktivitäten der Fachabteilung zum Qualitätsmanagement

Fähige Mitarbeiter sind das Pfund, mit dem die Fachabteilung wuchern kann. Sie müssen motiviert sein, die Interessen der Abteilung mit vollem Einsatz zu vertreten und sich damit auch in Veränderungsprozesse einzubringen. Dies ist notwendiger denn je, auch im Kontext möglicher weiterer Krisen wie Corona. Zwingende Voraussetzung dafür sind eine hinreichende Motivation durch Berücksichtigung berechtigter Forderungen zu allgemeinen Arbeitsbedingungen, neuen Ansprüchen an Führung und auch ein „Kümmern um die Gesundheit" (Gesundheitsförderung und Gesundheitsvorsorge). Ein zielorientiertes abteilungsspezifisches Gesundheitsmanagement kann dazu einen nachhaltigen Beitrag leisten.

Notwendige Aktivitäten für das PJ Jahr siehe gesonderte Checkliste 6.

Aktionsbereich und postulierte Defizite	Praxistipps (für den Chefarzt)
Führung und Motivation Fehlen der Anwendung neuer und innovativer Konzepte mit Fokus auf junge Mitarbeiter und Mitarbeiter aus anderen Kulturkreisen	**Praxistipp:** Erproben Sie neue Führungsmodelle. Autokratische Führung, auch im Sinne von „Halbgott- in-Weiß", ist bei der jungen Generation nicht mehr gefragt. Sie fokussiert auf Teamorientierung und Transparenz. Ähnliches gilt für Patienten *Besonderer Hinweis:* Die Umsetzung der genannten Erfordernisse erleichtert ein neues Rollenverständnis, sowohl von Ärzten als auch von den GF. Dies muss u. a. von der Bereitschaft geprägt sein, „Verantwortung angemessen zu delegieren"

Aktionsbereich und postulierte Defizite	Praxistipps (für den Chefarzt)
Teamorientierung Dem Teamgedanken wird nicht Rechnung getragen	**Praxistipp:** Arbeiten im Team ist eine zentrale Forderung der jungen Generation, aber auch im Sinne eines guten Behandlungsergebnisses zwingend. Ermöglichen Sie Teamarbeit auf breiter Basis, z. B. in Zusammenhang mit der Entwicklung von KP im Zusammenspiel verschiedener Berufsgruppen. Teamorientierung steigert die „Schlagkraft" Ihrer Abteilung
Transparenz Wenig Informationen, was wo und wie abläuft	**Praxistipp:** Transparenz ist für die junge Generation (aber auch für andere Generationen) von Bedeutung. Kommunizieren Sie auch wichtige Entscheidungen so, dass sich die Mitarbeiter eingebunden fühlen. Ist dies nicht der Fall und sind diese nicht informiert, werden sie wenig motiviert sein, bei notwendigen Veränderungsprozessen (z. B. Beteiligung an einem Interdisziplinären Behandlungszentrum) mit vollem Einsatz mitzuwirken
Gesundheitsförderung und Gesundheitsvorsorge für Mitarbeiter Keine konkreten Maßnahmen bisher geplant und umgesetzt	**Praxistipp:** Entwickeln Sie gemeinsam mit den Mitarbeitern ein Konzept für Gesundheitsförderung und Gesundheitsvorsorge. Berücksichtigen Sie dabei vor allem die stetig zunehmende Arbeitsdichte mit Stress und Erkrankungen als mögliche Folge, auch im Kontext möglicher Krisen wie Corona
Karrieremöglichkeiten, vor allem für die junge Generation Kein Aufzeigen von Perspektiven für ergänzende Tätigkeiten mit Nutzen für die Karriere:	**Praxistipp:** Zeigen Sie Optionen für Karrieremöglichkeiten auf, auch im Kontext von Praktika, die der Karriere nützlich sein können. Kann Freiraum ermöglicht werden, können nebenamtliche Tätigkeiten im Ehrenamt erfolgen. Schaffen Sie auch Raum für Fortbildungen zum Management. Denn zielorientiertes und gutes Management in der Fachabteilung kann durchaus zu einer Verbesserung von Behandlungsergebnissen beitragen

Aktionsbereich und postulierte Defizite	Praxistipps (für den Chefarzt)
Mitarbeitermarketing nur pauschal über das Marketing der Einrichtung	**Praxistipp:** Die Rekrutierung von Mitarbeitern „auf pauschalem Weg durch die GF" reicht besonders in Zeiten zunehmenden Personalmangels nicht aus. Erfolgreich kann Mitarbeitermarketing nur sein, wenn der Chefarzt die GF unterstützt, z. B. durch Aufzeigen fachlicher Expertise und persönlich herausragender Merkmale (Magnetwirkung des Chefarztes). Die gemeinsame Entwicklung eines Marketingkonzepts ist sinnvoll *Besonderer Hinweis:* Berücksichtigen Sie „Marketing muss halten, was es verspricht". Wenn Sie mit „definierten Eigenschaften", sei es bezüglich Ihrer Abteilung, sei es in Bezug auf Ihre eigene Person, werben, müssen diese auch vom Nachwuchs im praktischen Krankenhausalltag identifizierbar sein
KI und Digitalisierung kaum Kenntnisse der Mitarbeiter zu neuen Technologien, insbesondere zur praktischen Anwendung	**Praxistipp:** Neue Wege in der Patientenversorgung sind zwingend, auch zur Kompensation von Personalabbau. Überprüfen Sie die Kenntnisse Ihrer Mitarbeiter zu Digitalisierung und KI. Erwägen Sie ggf. Schulungen, um bestehende Defizite ausgleichen zu können. *Besondere Hinweis:* Das Zeitalter der Digitalisierung ist längt angebrochen. „Smart Hospital" umreißt nicht mehr bloßes Wunschdenken, sondern kann durchaus für große und leistungsstarke Krankenhäuser Anwendung finden. Digitalisierung ist aber generell auf dem Vormarsch. Dies spiegeln sowohl die gesetzlichen Vorgaben für die Digitale Infrastruktur, als auch bereits genutzte vielfältige digitale Anwendungen in der praktischen Patientenversorgung im Rahmen der Versorgung in ländlichen Regionen, aber auch im stationären Bereich

Checkliste 3: Notwendige Einweiser orientierte Aktivitäten der Fachabteilung zum Qualitätsmanagement

Der notwendige Fokus der Fachabteilung auf Einweiser wird gelegentlich immer noch unterschätzt. Dies ergibt sich aus der Einschätzung, dass „Kümmern" um Einweiser gehöre zum Marketing und Marketing sei Aufgabe der Geschäftsführung. Dies ist mitnichten so! Marketing für das Krankenhaus muss Gemeinschaftsaufgabe von Geschäftsführung und Chefärzten sein. Identisches gilt für das Management von Einweisern. Grundlegende Aufgaben wie die Erstellung von Statistiken kann die Geschäftsführung übernehmen. Spezifische Aufgaben wie die Rekrutierung und Bindung von Einweisern kann jedoch nur die Fachabteilung erfüllen. Denn nur sie kennt deren spezifischen Bedürfnisse und Wünsche, aber auch deren medizinischen Profile.

Aktionsbereich und postulierte Defizite	Praxistipp (für den Chefarzt)
Kommunikation und Informationsaustausch zwischen Krankenhaus und Einweisern persönliche Kommunikation und Informationsaustausch zwischen CA und Niedergelassenen gering	**Praxistipp:** Kontinuierliche Kommunikation und Informationsaustausch sind unverzichtbar, vor allem im Hinblick auf eine geordnete Medikation und die Befundung aus dem Krankenhaus. Steigern Sie die Frequenz der Kontakte zu Ihren Kooperationspartnern, dies festigt die Zusammenarbeit *Besonderer Hinweis:* Wert ist beispielsweise zu legen auf die zügige Bereitstellung von Befunden und darauf bezogenen Behandlungsdaten. Eine Versendung per Fax ist nicht mehr zeitgemäß, digitale Anwendungen (auch im Kontext der Bereitstellung der Elektronischen Patientenakte) sind Gebot der Stunde!
Qualitätszirkel keine	**Praxistipp:** Initiieren Sie Qualitätszirkel zum medizinischen und persönlichen Austausch. Dies festigt die Zusammenarbeit und kann eine gute Basis für eine Optimierung der Patientenversorgung sein
Entwicklung von Kooperationsprojekten erfolgt nicht	**Praxistipp:** Kooperationsprojekte, vor allem für die Versorgung alter und dementer Menschen, können zu einer „Versorgung ohne Brüche" beitragen. Sie leisten damit einen zielführenden Beitrag zur Optimierung der Patientenversorgung und zur PS

Aktionsbereich und postulierte Defizite	Praxistipp (für den Chefarzt)
Befragung von Einweisern erfolgt nicht, die Zuständigkeit wird in der Geschäftsführung gesehen	**Praxistipp:** Initiieren Sie und führen Sie Befragungen Ihrer Einweiser in definierten Zeitfenstern durch. Sie erfahren so deren Wünsche und Forderungen, aber auch deren Kritik. Dies ist ein gutes Fundament für eine kontinuierliche Optimierung gemeinsamer Zusammenarbeit, auch als Grundlage der Bestandsicherung Ihrer Fachabteilung
Wegbrechen von Einweisern bisher nicht bedacht und somit nicht berücksichtigt	**Praxistipp:** Sorgen Sie vor! Einweiser können durch unvorhergesehene Ereignisse plötzlich wegbrechen und damit die Zukunft Ihrer Abteilung gefährden. Dies bedeutet auch, dass PS nicht mehr gewährleistet werden kann

Checkliste 4: Notwendige patienten- und mitarbeiterorientierte Aktivitäten der Fachabteilung zum Risikomanagement

Besondere Bedeutung für PS und die Mitarbeiter hat RM als Teil des QM. Effizientes und zielorientiertes RM ist neben dem QM der zentrale Pfeiler für das Erreichen eines guten Ergebnisses PS. RM muss vor allem ansetzen und wirksam werden im Hinblick auf

- *neue medizinisch orientierte Strategien*
- *strukturelle Veränderungen*
- *organisatorische Veränderungen*
- *finanzrelevanten Veränderungen*
- *mögliche unerwartete Krisen*

Das Augenmerk ist somit zu richten auf

- *Medizinisches Risikomanagement*
- *Betriebswirtschaftliches Risikomanagement*
- *Juristisches Risikomanagement*
- *Mitarbeiter orientiertes Risikomanagement*
- *Compliance*
- *Business Continuity Management (BCM)*

Neben der Erfassung von Defiziten, die sich auf Patienten und Mitarbeiter im Engeren beziehen, muss das RM der Fachabteilung vor allem fokussieren auf Risiken, die geeignet sind, die Bestandsicherung der Abteilung zu gefährden (Checkliste 5). Besonderer Wert ist somit auf Business Continuity Management (BCM) zu legen. Es ist ausgerichtet auf unvorhergesehene Krisen und Katastrophen, z. B. das plötzliche Wegbrechen von Patienten oder Einweisern, aber auch auf Katastrophen. Insoweit ist es für die Abteilung dringlich, sich einen Überblick über potenzielle Gefahren zu verschaffen, die die Bestandsicherung der Abteilung gefährden können. „Notfallpläne" sollten deshalb entwickelt werden und „auf Tasche" gehalten werden, um im Falle einer existenzbedrohenden Gefahr schnell reagieren zu können.

Aktionsbereich und Fragen zu Defiziten	Praxistipps (für den Chefarzt)
Patienten RM ausreichend und auf neuestem Stand?	**Praxistipp:** Prüfen Sie, ob den neuen Vorgaben des G-BA (Fehlermanagement, Risikobeauftragter) in Ihrer Abteilung Rechnung getragen wird. Wenn nicht, beanstanden Sie dies bei der GF und drängen Sie auf Abhilfe
Komplikationsmanagement vorhanden?	**Praxistipp:** Sofern kein nachhaltiges Komplikationsmanagement in Ihrer Abteilung implementiert ist, holen Sie dies nach. Sie können damit Patientenklagen vermeiden
Fit für die Bewältigung von Patientenklagen (Behandlungsfehler)?	**Praxistipp:** Prüfen Sie, ob die Ärzte in Ihrer Abteilung umfassend informiert sind, wie sie sich bei Behandlungsfehlern gegenüber Patienten verhalten sollten, bzw. Patientenklagen vorbeugen können *Besonderer Hinweis:* Patientenklagen lassen sich häufig vermeiden, wenn mit dem Patienten offen gesprochen und der Fehler eingeräumt wird. Ihnen erspart das möglicherweise eine juristische Auseinandersetzung und dem Krankenhaus zumindest einen Imageverlust
Mitarbeiter Ausreichender Arbeitsschutz?	**Praxistipp:** Prüfen Sie, ob dem Arbeitsschutz in Ihrer Abteilung ausreichend Rechnung getragen wird. Ist dies nicht der Fall, mahnen Sie eine Optimierung durch die Abteilung für Arbeitssicherheit Ihres Krankenhauses an!

Aktionsbereich und Fragen zu Defiziten	Praxistipps (für den Chefarzt)
Schutz vor aggressiven Patienten?	**Praxistipp:** Aggressive Patienten nehmen zu. Sofern Sie nicht Schutzmaßnahmen für Ihre Mitarbeiter getroffen haben, entwickeln Sie mit diesen ein Schutzkonzept
Schutz vor Druck von Vorgesetzten (vor allem im PJ und bei aggressiven Patienten)?	**Praxistipp:** Hinterfragen Sie bei Studierenden im PJ auch deren Erfahrungen mit den Betreuern. Stellen Sie ggf., Überlegungen an, wie Sie die Situation verbessern können (z. B. Mitarbeiterbesprechungen, Workshop zu Fragen der Betreuung und Führung etc.). Gibt es seitens Ihres Krankenhauses kein Schutzkonzept für den Umgang mit aggressiven Patienten, entwickeln Sie mit Ihren Mitarbeitern ein Konzept für Ihre Abteilung
Gesundheitsvorsorge und Gesundheitsförderung?	**Praxistipp:** Prüfen Sie, vor allem im Kontext zunehmender Arbeitsdichte und Belastungen, ob Ihre Mitarbeiter mit den neuen Herausforderungen umgehen können oder massiver Stress mit möglichen Erkrankungen im Raume steht. Ergreifen Sie ggf. Vorsorgemaßnahmen, auch im Kontext organisatorischer Veränderungen mit Eignung zur Einschränkung zu hoher Arbeitsdichte *Besonderer Hinweis:* Vernachlässigen Sie dabei auch nicht Ihre eigene Person. Sollten Sie sich mit Ihrer derzeitigen Belastung schwertun, denken Sie an Veränderungen im Management. Sie müssen nicht „alles tun". Delegieren Sie im richtigen Moment an der richtigen Stelle Verantwortung (z. B. an Ihre Oberärzte oder Pflegekräfte). Dies schafft Ihnen Freiraum und mindert damit die Gefahr einer eigenen Erkrankung

Checkliste 5: Notwendige Aktivitäten der Fachabteilung zur Bestandsicherung

Die Bestandsicherung Ihrer Fachabteilung muss oberstes Ziel sein. Diskussionen zur Umsetzung von RM und QM können nur zielführend sein, wenn Ihre Abteilung finanzsicher aufgestellt ist und ausreichendes Personal zur Verfügung steht oder aber bei Ihnen Konzepte umgesetzt werden, die Personalmangel in einer akzeptablen Weise kompensieren können. Dies wird grundsätzlich nur möglich sein, wenn ein zufriedenstellender Patientenfluss, auch im Kontext ausreichender Zahlen von Einweisern, gewährleistet ist. Es ist deshalb zwingend (in Zusammenarbeit mit dem Controlling) durchgängig auf neustem Stand zu sein, in welchem Umfang die Zahlen von Einweisern und Patienten sich verändern.

Ebenfalls zu überprüfen ist kontinuierlich, ob das medizinische Portfolio ggf. modifiziert werden muss, z. B., weil neue Wettbewerber in den Markt stoßen. Vor diesem Hintergrund ist zu bedenken, dass das Klinische RM zwar zentral wichtige Bedeutung hat, am Anfang aller Bemühungen um PS aber das Betriebswirtschaftliche Risikomanagement stehen muss.

Hier gilt die bekannte Weisheit: „Ohne Moos nichts los". Anderes ausgedrückt: Sind nicht ausreichend Mittel für eine zielorientierte Umsetzung von QM und RM vorhanden, kann auch PS nicht im notwendigen Umfang hergestellt werden. Besondere Bedeutung spielt im Kontext der genannten Aspekte Business Continuity Management, siehe Checkliste 4.

Aktionsbereich und Fragen zu Defiziten	Praxistipps (für den Chefarzt)
Liquidität bzw. Erlössituation Liquidität und Erlössituation zufriedenstellend?	**Praxistipp:** Prüfen Sie die Erlössituation und deren voraussichtliche Entwicklung. Steuern Sie einer negativen Entwicklung gegen. Überlegen Sie in diesem Zusammenhang, ob der Anschluss an ein interdisziplinäres Behandlungszentrum oder aber ein Kooperationsprojekt mit Niedergelassenen die Finanzsituation Ihrer Abteilung verbessern kann
Patientenkontingente Ausreichend Patienten?	**Praxistipp:** Sofern die aktuellen Zahlen Anlass zu Bedenken geben, stellen Sie Überlegungen an, wie Sie diese steigern können (z. B. durch Erweiterung Ihres medizinischen Portfolios)
Zahl der Einweiser Ausreichend Einweiser?	**Praxistipp:** Verfahren Sie analog des Hinweises zu Patientenzahlen

Aktionsbereich und Fragen zu Defiziten	Praxistipps (für den Chefarzt)
Medizinisches Portfolio Den veränderten Rahmenbedingungen angemessen?	**Praxistipp:** Patientenklientele haben sich verändert. Adressaten für Ärzte sind zunehmend alte und multimorbide Patienten. Prüfen Sie, ob Sie Ihr Portfolio diesbezüglich verändern müssen *Besonderer Hinweis:* Altersmedizinisch orientierte Behandlungskonzepte können ggf. die Erlössituation Ihrer Abteilung steigern helfen
Personalmanagement Maßnahmen zur ausreichenden Sicherung von Personal?	**Praxistipp:** Überprüfen Sie Ihren Personalbestand, auch zukunftsperspektivisch und entwickeln Sie Möglichkeiten zur Kompensation von Personalmangel, auch in Zusammenhang mit der Delegation von Aufgaben und flexiblen Arbeitskonzepten
Mögliche Krisen und Katastrophen Auf unvorhergesehene Krisen und Katastrophen vorbereitet?	**Praxistipp:** Verlieren Sie mögliche Krisen und Katastrophen, die den Bestand Ihrer Abteilung gefährden könnten, nicht aus dem Auge. Entwickeln Sie ggf. Szenarien im Kontext von Handlungsoptionen, auch für Krisen wie Corona

Checkliste 6: Notwendige Aktivitäten der Fachabteilung zur ausreichenden Rekrutierung und Bindung des ärztlichen Nachwuchses

Besonders zu berücksichtigen ist unter dem Aspekt der PS der ärztliche Nachwuchs. Für das PJ und die Ärztliche Weiterbildung sollten Maßnahmen getroffen werden, die bekannte Defizite in der Betreuung von Studierenden und jungen Ärzten auflösen und zu attraktiven Arbeitsbedingungen führen (Hellmann 2021). Wird dies vernachlässigt, bleibt der ärztliche Nachwuchs aus. Resultat ist ein Mangel an Fachärzten und damit eine massive Gefährdung der Patientensicherheit. Eine entsprechende Entwicklung offenbart sich bereits in der Chirurgie. Die Nachfrage nach Ausbildungsplätzen und Möglichkeiten zur Durchführung der Ärztlichen Weiterbildung ist im Keller angekommen.

Aktionsbereich und postuliertes Defizit

PJ und Weiterbildung
Beteiligung erfolgt bisher nicht

Praxistipp allgemein
Falls nicht vorhanden, prüfen Sie die Möglichkeiten zur Durchführung von PJ und Weiterbildung.
- Grundlegende ärztliche Kapazitäten?
- Qualifikationen evtl. Betreuer?
  (Fachkenntnisse, methodisch-didaktische Qualifikationen)?
- Ggf. Schulungen zum Erwerb von
  Wissensvermittlungskompetenz?

Praxistipp - Praktisches Jahr
Entwickeln Sie ein zielführendes Konzept für das PJ. Geben Sie in dessen Kontext den Studierenden Möglichkeiten zur ganzheitlichen Betreuung von Patienten, ermöglichen Sie gute Arbeitsbedingungen und lassen Sie mehr Verantwortung zu. Wählen Sie die richtigen Betreuer mit fundierten Sachkenntnissen aus, aber auch mit guten didaktisch-methodischen Kompetenzen zur Stoffvermittlung. Sofern diese fehlen, führen Sie eine Schulung durch.
Anmerkung:
Sie verspielen die Zukunft Ihrer Fachabteilung, wenn Sie nicht gute Arbeitsmöglichkeiten für das Praktische Jahr gewährleisten. Die Nachfrage von Studierenden bleibt dann aus und die Sicherstellung einer ausreichenden Zahl von Ärzten für die Weiterbildung und von Fachärzten wird damit in Frage gestellt. Ein warnendes Beispiel ist die Chirurgie, die geringe Nachfrage von Studierenden hat inzwischen ein beängstigendes Ausmaß erreicht.

Praxistipp - Ärztliche Weiterbildung
Stellen Sie kompetente Betreuer (Fachärzte) zur Verfügung, die über Neuentwicklungen in der Medizin, aber auch im Management informiert sind (neue Organisationsformen, neue Versorgungskonzepte, neue Wege zur Bewältigung von Krisen etc.). Sie fördern damit nicht nur den Nachwuchs, sondern eröffnen damit auch wichtige Perspektiven für Ihre Einrichtung.
Anmerkung:
Hier gilt Ähnliches wie für die Betreuung im PJ, vor allem bezüglich der methodisch-didaktischen Qualifikationen der fachlichen Betreuer.

8.3   Handreichung zur Sicherung des Nachwuchses als Fundament für Patientensicherheit

PS muss über das Studium hinaus bereits im PJ und in der Ärztlichen Weiterbildung verankert werden. Nur so lässt sich verhindern, dass (wie bereits jetzt in der Chirurgie) der Nachwuchs nahezu ausbleibt, damit nicht mehr ausreichend

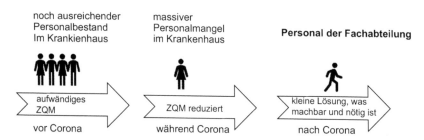

Abb. 8.1 Additives Qualitätsmanagement als Perspektive und Ergebnis eines Paradigmenwechsels („In der Fachabteilung spielt die Musik") (Quelle: Eigene Darstellung)

Fachärzte zur Verfügung stehen könnten und Patientensicherheit in Frage gestellt würde.

Die hier vorgelegte Handreichung zur Optimierung von PJ und Ärztlicher Weiterbildung für die Chirurgie ist auf andere medizinische Fachbereiche übertragbar. Sie fokussiert vor allem auf folgende Inhalte:

- Überblick über notwendige persönliche Qualifikationen, Haltungen und Strategien von Klinikärzten
- Optimierungsvorschläge für das Praktische Jahr (PJ) und die ärztliche Weiterbildung
- Vorschlag zur Motivation der Generation Y zur Mitwirkung an Veränderungen
- Strategiekonzepte zur Optimierung von Aus- und Weiterbildung
- Zielorientierte Öffentlichkeitsarbeit für die Chirurgie

Literatur

Deutsche Krankenhausgesellschaft (2021): Empfehlungen zur Aufklärung der Krankenhauspatienten über vorgesehene ärztliche Maßnahmen. 8. erweiterte und aktualisierte Auflagen. Kohlhammer, Stuttgart

Fink (2021): Szenario-Management-Entwicklung, Bewertung, Nutzung. In: Hellmann, W. (Hrsg.): Kooperative Versorgungsformen-Chance für den ländlichen Raum. Praxisbeispiele, Konzepte, Wissensvermittlung. Mediengruppe Oberfranken, Kulmbach. S. 112–121

Hellmann W (2021) Chirurgie hat Zukunft. Innovative Aus- und Weiterbildung. Springer Gabler, Wiesbaden

Hellmann W (2022) (Hrsg.) Patientensicherheit ist Gemeinschaftsaufgabe. Defizite, Risiken, Konzepte. Springer Gabler Wiesbaden, im Druck

Praktische Umsetzung des Konzepts und Ausblick auf eine nachhaltige Wirkung

9

Die praktische Umsetzung des Konzepts muss aufgrund der derzeitig besonderen hohen Belastungen von Ärzten und Pflegekräften (auch im Kontext von Corona) folgenden Erfordernissen gerecht werden können:

- Der zusätzliche Aufwand für QM (mit RM) muss für die Fachabteilung möglichst gering sein.
- Aufzuwendende Kosten (z. B. für Schulungen) müssen überschaubar sein.
- RM muss integrierter Bestandteil des QM sein (auch aus Kostengründen, eine Doppelvorhaltung von Strukturen ist kontraproduktiv).

Sofern eine Abteilung groß und finanzstark ist, sollte ein ausgebildeter (zertifizierter). Qualitäts- oder Risikomanager aktiv werden. Infrage kommen ebenfalls ärztliche Qualitätsmanager (Ärzte mit Zusatzausbildung im QM, beispielsweise gemäß Curriculum QM der BÄK) oder Pflegekräfte mit Zusatzausbildung im QM und RM. Denkbar wäre auch die Einbeziehung eines Klinikmanagers, der neben betriebswirtschaftlichen Aufgaben auch für QM und RM zuständig ist. Sofern „dezentrale" Unterstützer (Personal für PS) im Krankenhaus zur Verfügung stehen, sollte deren Fachexpertise von der Abteilung genutzt werden.

Aufgabe der Fachabteilung wäre sinnvollerweise eine Beteiligung an einem konstruktiven Dialog mit dem ZQM (sofern ein solches vorhanden und arbeitsfähig ist). Ansonsten stehen im Mittelpunkt der Tätigkeiten zum QM für die Fachabteilung:

- Organisation von Befragungen mit Strukturierung der Erfassungsbögen und deren Auswertung
- Organisation und Strukturierung von Checklisten für das Risikomanagement (z. B. im Hinblick auf die Durchführung von Operationen)

W. Hellmann, *Qualitätsmanagement ist Aufgabe der medizinischen Fachabteilung,* essentials, https://doi.org/10.1007/978-3-658-36601-8_9

- Regelmäßige Überprüfung der Angemessenheit der Aktivitäten der Fachabteilung zum Qualitäts- und Risikomanagement
- Vorschläge zu ergänzenden Maßnahmen oder neuen Wegen im RM
- Vorlage in der Abteilungskonferenz zwecks Entscheidungsfindung für ein für die Abteilung zielführendes Konzept zur Sicherung von Qualität und PS
- Kontinuierliche Durchführung und Evaluation aller Maßnahmen in beschlossenen Zeitfenstern

Überlegen Sie, wie Sie sich (ggf. mit weiteren Kooperationspartnern) optimal vernetzen können und welche digitalen Anwendungen für eine Optimierung der Kommunikation innerhalb Ihrer Belegschaft und der aktiven Patientenversorgung ggf. umgesetzt werden können.

Von einer Wirksamkeit des Konzepts kann ausgegangen werden, zumal es auch der „Not geschuldet ist". QM ist für die Zukunftssicherung von Krankenhäusern unverzichtbar. Können, wie derzeit gegeben, aus Kosten- und Personalgründen bestehende aufwendige QM-Systeme nicht aufrechterhalten werden, muss nach neuen Lösungen gesucht werden. Eine praktikable Lösung stellt das vorgestellte Konzept vor. Ein vergleichbarer Ansatz ist dem Autor nicht bekannt.

Qualitätsmanagement im Kontext der Digitalisierung und Krisenbewältigung in leistungsstarken großen Krankenhäusern und Universitätskliniken
Gegensätzlich zu kleinen und mittleren Krankenhäusern ist Qualitätsmanagement neben dem individuellen Versorgungsproblem für die einzelnen Patienten vor allem auch ein logistisches Problem, vor allem im Kontext von Krisen wie Corona. Es ist deshalb sinnvoll, weitreichende Konzepte zu entwickeln, die auch die auftretenden logistischen Probleme lösen können. Für große Krankenhäuser und Universitätskliniken ist dies ohne Alternative. Sie haben in der Regel ausreichend Finanzmittel, um entsprechenden Konstellationen als Teil der Aufgaben eines hausinternen Qualitätsmanagements, auch im Kontext der Digitalisierung, umsetzen zu können (Steidle 2022, Petzold et al. 2022).

Dabei werden Fragen eines stringenten Notfall-, Krisen- und Kontinuitätsmanagements mit Bezug zur ÖNORM D 4902-3:2021-01 beantwortet werden müssen. Sie haben im Kontext der Erfahrungen mit Corona vorrangige Bedeutung erhalten. Praktische Hinweise zur Umsetzung wurden bereits vorgelegt (Steidle 2022).

Über die beschriebenen Aktivitäten hinaus hat die GMGQ- Gesellschaft für Qualitätsmanagement in der Gesundheitsversorgung weitreichende visionäre Überlegungen zur Verknüpfung von QM und Digitalisierung vorgestellt (Petzold et al. 2022).

Die Umsetzung wird allerdings nur dort möglich sein, wo umfassende finanzielle Mittel zur Verfügung stehen, auch um spezifische digitale Kompetenzen vermitteln oder spezifisches Personal einstellen zu können (z.B. Universitätsklinikum Essen mit dem Fokus auf das Konzept „Smart Hospital", s. auch Eusterholz 2020).

Bei kleinen und mittleren Krankenhäusern mit weniger Personal und Finanzmitteln, vor allem im ländlichen Bereich, ist dies nicht möglich. Digitalisierung ist hier nicht nur massives Kostenproblem, sondern vor allem auch Personalproblem. Benötigte junge IT-Fachleute lassen sich für strukturschwache Regionen (ähnlich wie junge Ärzte) kaum gewinnen.

Literatur

Eusterholz M (2020) Smart Hospital- Das Krankenhaus der Zukunft. In: Hellmann W, Schäfer J, Ohm G, Rippmann K, Rohrschneider U (Hrsg.): SOS Krankenhaus. Strategien zur Zukunftssicherung. Kohlhammer, Stuttgart. S. 324–338

Petzold T, Steidle O, Fischer B (2022) Digitalisierung der Gesundheitsversorgung. Chancen für Qualitätsmanagement und Patientensicherheit. KU Gesundheitsmanagement 1/2022, S. 56–58

Steidle O (2021) Qualitätsmanagement als Teil der Krisenbewältigung. Trainings und Audits ändern Verhaltensweisen. KU Gesundheitsmanagement 12, S. 42–44

Zusammenfassung mit Ausblick

10

Die Sicherstellung von PS im Kontext von QM mit RM im Krankenhaus ist Kernaufgabe der Fachabteilung. Diese ist verantwortlich für eine hohe Versorgungsqualität und Patientensicherheit. Erreichbar ist dieses Ziel nur durch eine Bündelung von Qualitätsmanagement, Risikomanagement und Qualitätssicherung unter Einbeziehung multidimensionaler Qualität und Umfassendem Risikomanagement (URM).

Der Weg einer überproportionierten Sicht auf die medizinische Expertise und das Medizinische RM wird damit erweitert. Diesen Erfordernissen muss die Fachabteilung Rechnung tragen, wenn sie nachhaltig Qualität und PS gewährleisten will. Unter praktischen Aspekten ergibt sich die Frage, mit welchem Personal und welchen Instrumenten sie hohe Behandlungsqualität und PS in schwierigen Zeiten (Personal- und Finanzmangel) erreichen kann. Dazu kann eine Ist-Analyse wichtige Anhaltspunkte liefern. Auf ihrer Basis lässt sich können ein schlüssiges und nachhaltiges Vorgehen für das RM- und QM entwickelt und geeignete Instrumente für eine sinnvolle Umsetzung ausgewählt werden (Soll-Konzept).

Machen Sie Qualität zu Ihrem persönlichen Anliegen und berücksichtigen Sie:

- Qualität ist der zentrale Wettbewerbsfaktor im zunehmenden Wettbewerb, gute Qualität sichert Ihre Wettbewerbsfähigkeit.
- Berücksichtigen Sie alternative und einfachere Lösungen, die im Kontext schwieriger Rahmenbedingungen in Ihrer Fachabteilung umsetzbar sind.
- Betrachten Sie die Verpflichtung zu mehr Engagement im QM nicht als lästige Aufgabe, sondern als Chance für das Erreichen hoher PS und Patientenzufriedenheit.

- Beachten Sie (unabhängig von der Art Ihres QM), dass der Begriff Kunde weit über den Patienten hinaus gehen muss (Mitarbeiter, Einweiser, Kooperationspartner etc.) und innerhalb Ihrer Einrichtung das „Prinzip interner Kunde" berücksichtigt werden sollte. Bedenken Sie, dass es einen Status-quo für Ihr abteilungsbezogenes QM nicht geben kann! Das System bedarf der ständigen Verbesserung und Weiterentwicklung, z. B. in Bezug auf neue Bedürfnisse und Erfordernisse aufgrund veränderter Patienten- und Mitarbeiterklientele oder im Hinblick auf neue technisch orientierte Herausforderungen wie die Digitalisierung.

Sofern Sie diesen Vorschlägen in etwa genügen können, werden Sie den Bestand Ihrer Fachabteilung auch in schwierigen Zeiten sichern können!

Was Sie aus diesem *essential* mitnehmen können

- Übersicht über wichtige Termini zum Thema Qualität
- Stand des QM im Krankenhaus mit Defiziten und Schlussfolgerungen
- Compliance und BCM als wichtige Hebel zur Zukunftssicherung
- Konzept QM für die Fachabteilung im Überblick
- Checklisten für die Umsetzung von QM

}essentials{

Wolfgang Hellmann

Chirurgie hat Zukunft

Innovative Aus- und Weiterbildung als Erfolgsfaktor

 Springer Gabler

Printed in the United States
by Baker & Taylor Publisher Services